Impressum
Verlag: BABADADA GmbH, Nedderfeld 112 , 22529 Hamburg
Geschäftsführer / Verlagsleitung: Harald Hof
Druck: Books on Demand GmbH, In de Tarpen 42, 22848 Norderstedt

Imprint
Publisher: BABADADA GmbH, Nedderfeld 112 , 22529 Hamburg, Germany
Managing Director / Publishing direction: Harald Hof
Print: Books on Demand GmbH, In de Tarpen 42, 22848 Norderstedt

de School
okul

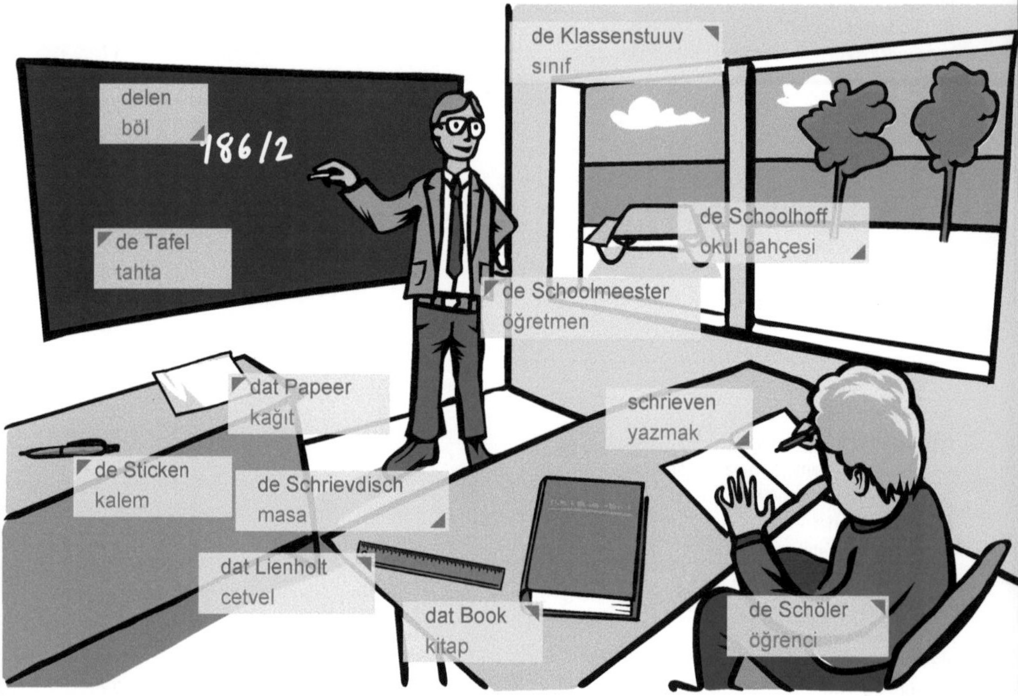

de Klassenstuuv
sınıf
delen
böl
186/2
de Tafel
tahta
de Schoolhoff
okul bahçesi
de Schoolmeester
öğretmen
dat Papeer
kağıt
schrieven
yazmak
de Sticken
kalem
de Schrievdisch
masa
dat Lienholt
cetvel
dat Book
kitap
de Schöler
öğrenci

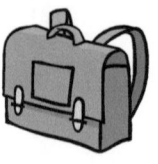

de Ranzel

okul çantası

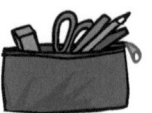

de Feddermapp

kalemlik

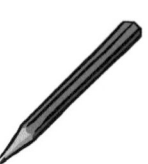

de Bleesticken

kurşun kalem

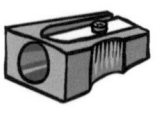

de Scharpmaker

kalem açacağı

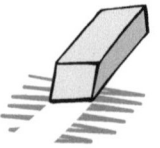

dat Radeergummi

silgi

de Tekenblock

çizim defteri

de Teken

çizim

de Pinsel

resim fırçası

de Malkassen

boya kutusu

de Scheer

makas

de Klever

tutkal

dat Heft to'n Öven

alıştırma kitabı

de Huusopgaav

ödev

de Tall

sayı

tohooptellen

ekle

aftrecken

çıkar

malnehmen

çarp

reken

hesapla

de Bookstaav

harf

dat ABC

alfabe

dat Woort

kelime

de Text

metin

lesen

okumak

de Kried

tebeşir

de Stunn

ders

dat Klassenbook

kayıt

de Pröven

sınav

dat Tüügnis

sertifika

de Schooluniform

okul forması

de Utbillen

eğitim

dat Nakieksel

ansiklopedi

de Universität

üniversite

dat Mikroskop

mikroskop

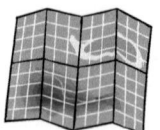

de Koort

harita

de Papeerkorf

kağıt çöp kutusu

de Törn
seyahat

dat Hotel
otel
Grand
de Harbarg
pansiyon
ROOMS
de Wesselstuuv
döviz bürosu
de Kuffer
bavul
dat Auto
otomobil

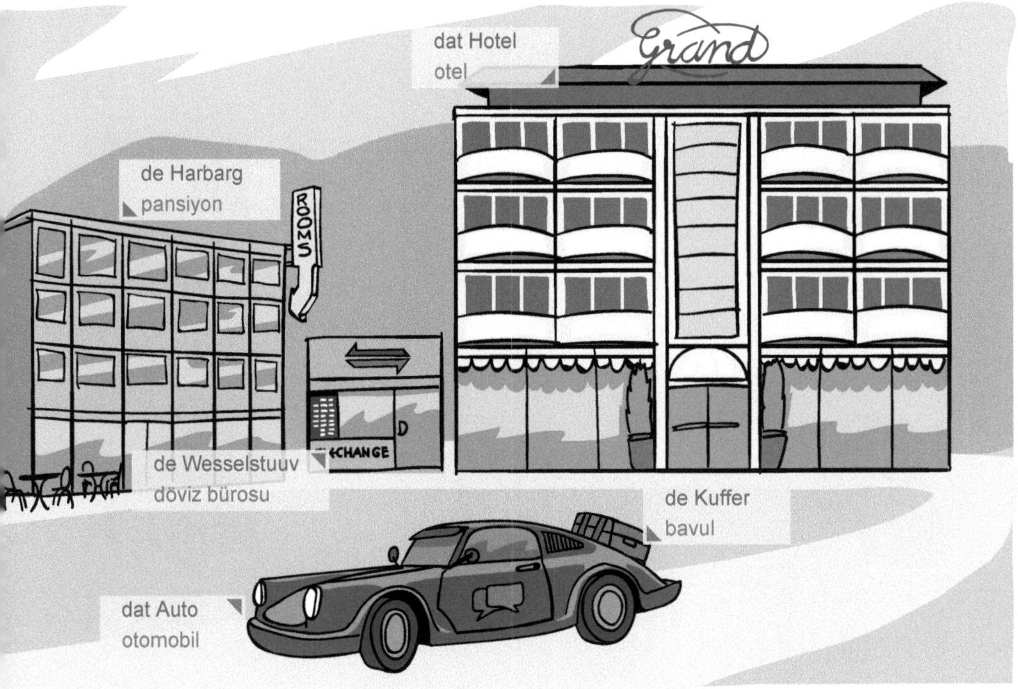

de Spraak

dil

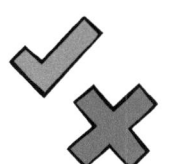

jo / ne

evet / hayır

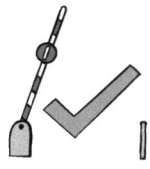

Jo

Tamam

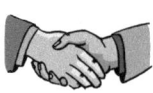

Moin

merhaba

de Översetter

çevirmen

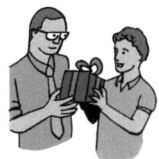

Dank ok

Teşekkür ederim

Wat kost…?

bu … ne kadar?

Ik verstah nich

anlamadım

dat Problem

problem

Goden Avend

İyi akşamlar!

Moin!

Günaydın!

Gode Nacht!

İyi geceler!

Tschüüs

güle güle

de Richt

yön

de Bagaasch

bagaj

de Tasch

çanta

de Rüchsack

sırt çantası

de Gast

misafir

de Stuuv

oda

de Slaapsack

uyku tulumu

dat Telt

çadır

Touristeninformatschoon

turist danışma

de Strand

sahil

de Kreditkoort

kredi kartı

dat Fröhstück

kahvaltı

dat Meddageten

öğle yemeği

dat Avendeten

akşam yemeği

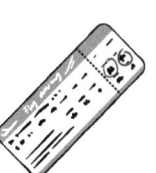

de Fohrkort

Bilet

de Fohrstohl

asansör

de Breefmark

pul

de Grenz

sınır

de Toll

gümrük

de Bottschop

elçilik

dat Visum

vize

de Pass

pasaport

de Transport
ulaşım

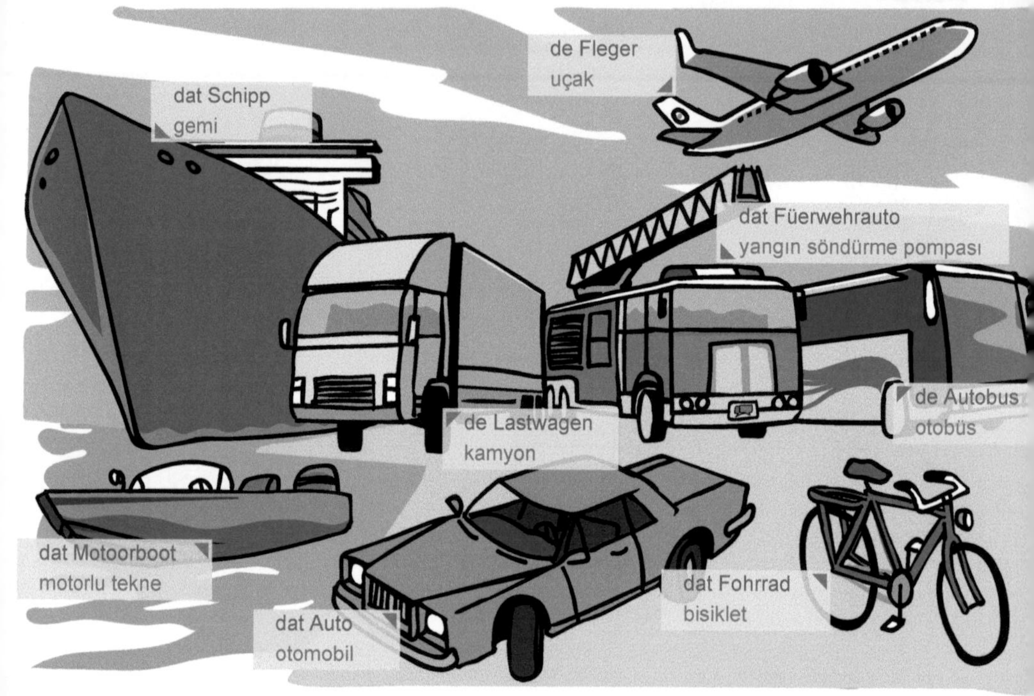

dat Schipp
gemi

de Fleger
uçak

dat Füerwehrauto
yangın söndürme pompası

de Lastwagen
kamyon

de Autobus
otobüs

dat Motoorboot
motorlu tekne

dat Auto
otomobil

dat Fohrrad
bisiklet

de Fähr

feribot

dat Boot

bot

dat Motoorrad

motosiklet

dat Polizeiauto

polis arabası

dat Rönnauto

yarış arabası

de Lehnwagen

kiralık araba

dat Carsharing

ortak araba

de Afsleepwagen

çekici

dat Müllauto

çöp kamyonu

de Motoor

motor

de Kraftstoff

yakıt

de Tanksteed

benzinlik

dat Verkehrsschild

trafik işareti

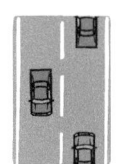

de Verkehr

trafik

de Stau

trafik sıkışıklığı

de Afstellplatz

otopark

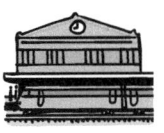

de Bahnhoff

tren istasyonu

de Sporen

ray

de Tog

tren

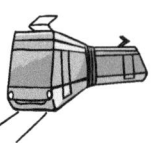

de Stratenbahn

tramvay

de Wagon

vagon

de Transport - ulaşım

de Dwarsmöhl

helikopter

de Flooghaven

havaalanı

de Tower

kule

de Fohrgast

yolcu

de Grootkist

konteyner

de Karton

koli

de Koor

yük arabası

de Korf

sepet

starten / lannen

kalkış / iniş

de Stadt

şehir

dat Dörp

köy

de Binnenstadt

şehir merkezi

dat Huus

ev

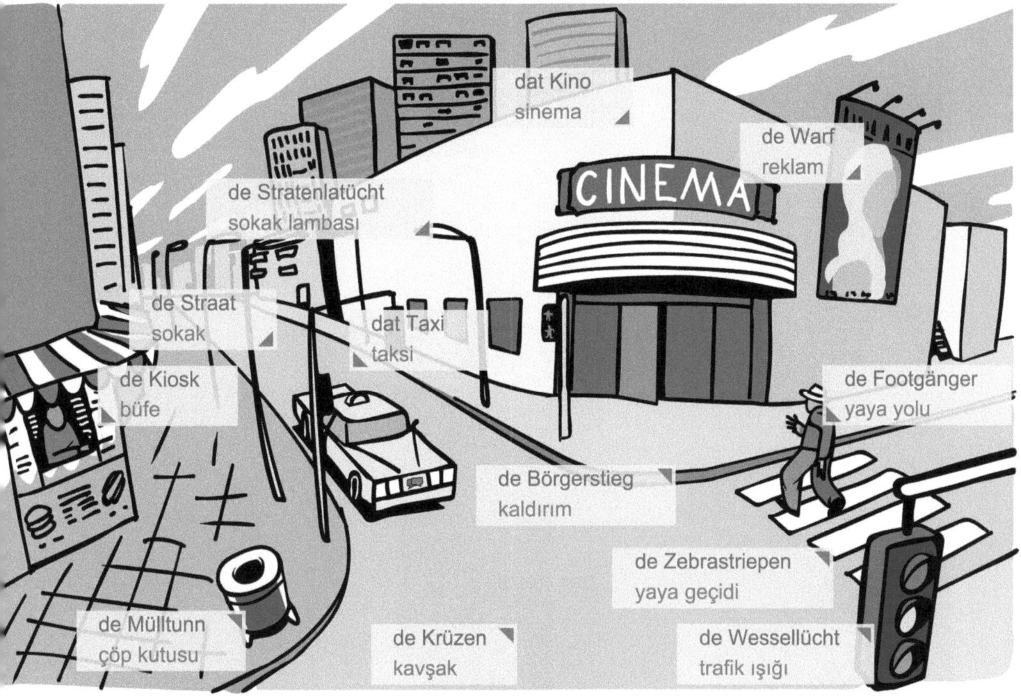

dat Kino
sinema

de Warf
reklam

de Stratenlatücht
sokak lambası

CINEMA

de Straat
sokak

dat Taxi
taksi

de Kiosk
büfe

de Footgänger
yaya yolu

de Börgerstieg
kaldırım

de Zebrastriepen
yaya geçidi

de Mülltunn
çöp kutusu

de Krüzen
kavşak

de Wessellücht
trafik ışığı

de Hütt
....
kulübe

de Wahnung
....
apartman dairesi

de Bahnhoff
....
tren istasyonu

dat Raathuus
....
belediye binası

dat Museum
....
müze

de School
....
okul

de Universität

üniversite

de Bank

banka

dat Krankenhuus

hastane

dat Hotel

otel

de Afteek

eczane

dat Büro

ofis

de Bookhökerie

kitapçı

de Hökerie

mağaza

de Blomenhökerie

çiçekçi

de Supermarkt

süpermarket

de Markt

market

dat Koophuus

büyük mağaza

de Fischhökerie

balık satıcısı

dat Inkoopszentrum

alışveriş merkezi

de Haven

liman

de Parkanlaag	de Bank	de Brüch
park	bank	köprü

de Trepp	de Ünnergrundbahn	de Tunnel
merdiven	metro	tünel

de Busstoppsteed	de Bar	dat Spieslokal
otobüs durağı	bar	restoran

de Breefkassen	dat Stratenschild	de Parkklock
posta kutusu	sokak tabelası	otopark sayacı
	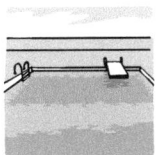	
de Deertenpark	de Baadanstalt	de Moschee
hayvanat bahçesi	yüzme havuzu	cami

de Stadt - şehir

de Buernhoff

çiftlik

de Ümweltversmudden

kirlilik

de Karkhoff

mezarlık

de Kark

kilise

de Speelplatz

oyun alanı

de Tempel

tapınak

de Landschop

arazi

dat Blatt
yaprak

de Wiespahl
yön tabelası

de Weg
yol

de Wisch
çayır

de Steen
taş

de Boom
ağaç

de Wannerer
yürüyüşçü

de Fluss
ırmak

dat Gras
çimen

de Bloom
çiçek

dat Daal

vadi

de Barg

tepe

de See

göl

dat Holt

orman

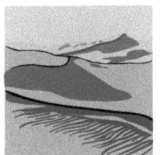

de Wööst

çöl

de Füerspien Barg

volkan

dat Slott

kale

de Regenbagen

gökkuşağı

de Poggenstohl

mantar

de Palm

palmiye

de Steekmück

sivrisinek

de Fleeg

sinek

de Miegeemk

karınca

de Imm

arı

de Spinn

örümcek

de Landschop - arazi

15

de Sebber

böcek

de Pogg

kurbağa

de Katteker

sincap

de Swienegel

kirpi

de Haas

yabani tavşan

de Uul

baykuş

de Vagel

kuş

de Swaan

kuğu

dat Wildswien

yaban domuzu

de Hirsch

geyik

de Elk

geyik

de Staudamm

baraj

dat Windrad

rüzgar türbini

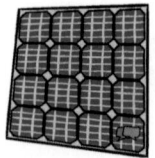

dat Solarmodul

güneş paneli

dat Klima

iklim

dat Spieslokal
restoran

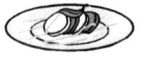

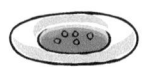

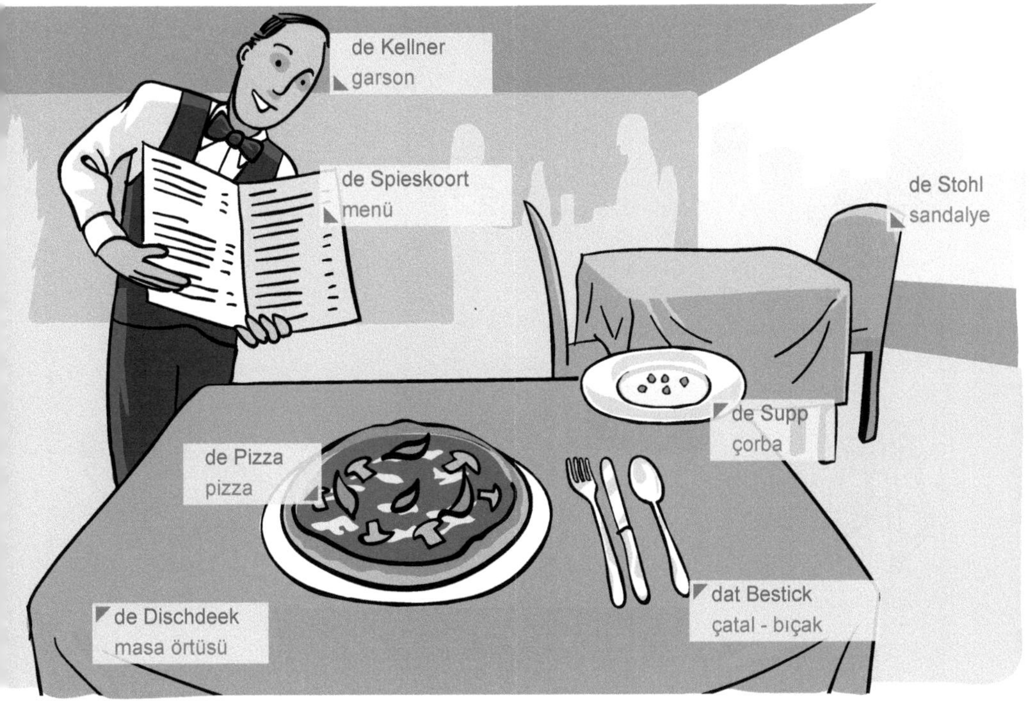

de Kellner
garson
de Spieskoort
menü
de Stohl
sandalye
de Supp
çorba
de Pizza
pizza
dat Bestick
çatal - bıçak
de Dischdeek
masa örtüsü

de Vörspies
....
başlangıç

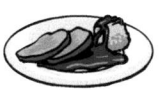

dat Haupteten
....
ana yemek

de Nadisch
....
tatlı

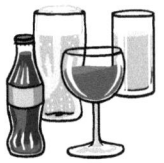

de Drünk
....
içecekler

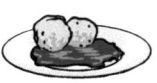

dat Eten
....
yemek

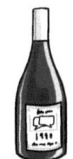

de Buddel
....
şişe

dat Fastfood

fastfood

dat Strateneten

sokak yemeği

de Teekann

çaydanlık

de Zuckerdoos

şekerlik

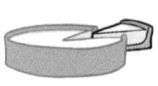

de Portschoon

porsiyon

de Espressomaschien

espresso makinesi

de Hoochstohl

mama sandalyesi

de Reken

fatura

dat Tablett

tepsi

dat Mess

bıçak

de Gavel

çatal

de Lepel

kaşık

de Teelepel

çay kaşığı

dat Munddook

servis peçetesi

dat Glas

bardak

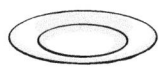

de Töller
tabak

de Suppentöller
çorba kasesi

de Ünnertass
fincan altlığı

de Sooß
sos

de Soltstreuer
tuzluk

de Pepermöhl
karabiber değirmeni

de Etig
sirke

dat Ööl
yağ

de Krüder
baharat

de Ketchup
ketçap

de Mostrich
hardal

de Mayonnaise
mayonez

de Supermarkt
süpermarket

dat Anbott
özel teklif
FOR
de Kunn
müşteri
de Melkprodukten
süt ürünleri
dat Aaft
meyve
de Inkoopswagen
alışveriş arabası

BUTCHERS

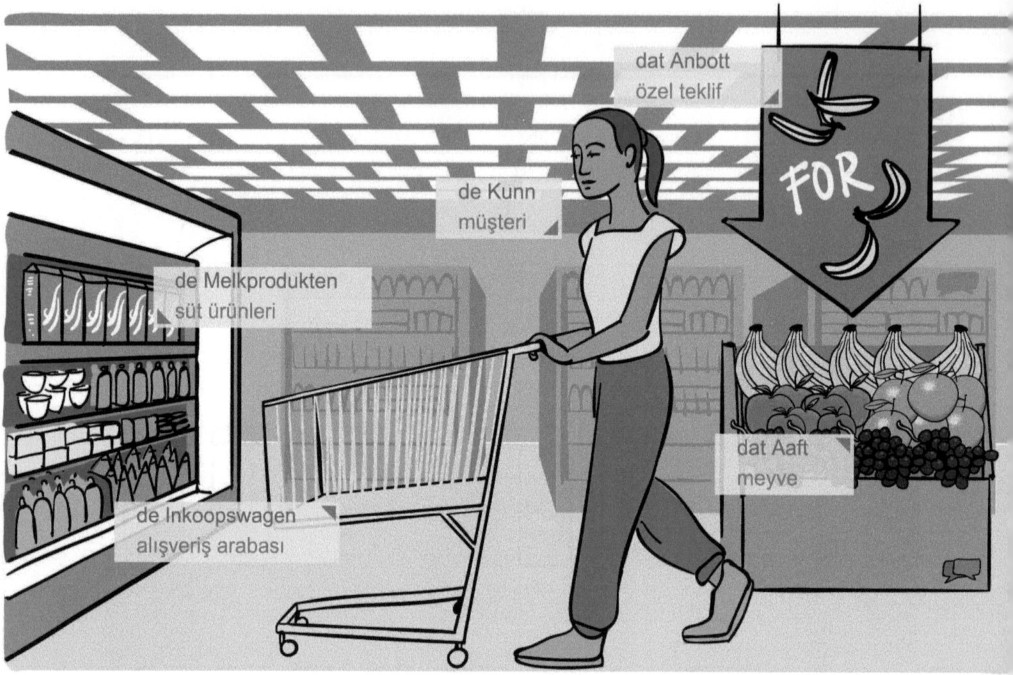

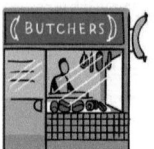

de Slachterie

kasap

BAKERY

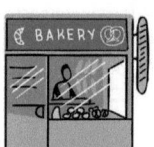

de Bäckerie

fırın

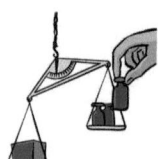

wegen

tartmak

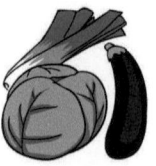

de Gröönsaken

sebze

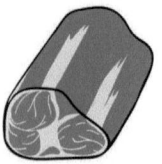

dat Fleesch

et

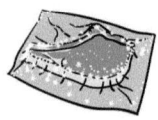

de Deepköhlkost

donmuş gıda

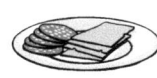

de Opsnitt

söğüş et

de Konserven

konserve yiyecek

de Waschmiddel

toz deterjan

de Snoopkraam

şekerlemeler

de Huushooltssaken

ev temizlik ürünleri

de Reinmaaktüüch

temizlik ürünleri

de Verköpersche

satış görevlisi

de Kass

yazar kasa

de Kasserer

kasiyer

de Inkoopslist

alışveriş listesi

de Opsparrtieden

açılış saatleri

de Breeftasch

cüzdan

de Kreditkoort

kredi kartı

de Tasch

çanta

de Plastiktüüt

plastik poşet

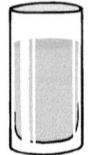

dat Water

su

de Saft

meyve suyu

de Melk

süt

de Cola

kola

de Wien

şarap

dat Beer

bira

de Spriet

alkol

de Kakao

kakao

de Tee

çay

de Koffie

kahve

de Espresso

espresso

de Cappucino

kapuçino

de Banaan

muz

de Appel

elma

de Appelsien

portakal

de Meloon

kavun

de Zitroon

limon

de Wöttel

havuç

de Knuuvlook

sarımsak

de Bambus

bambu

de Zibbel

soğan

de Poggenstohl

mantar

de Nööt

çerez

de Nudeln

makarna

de Spaghetti

spagetti

de Ries

pirinç

de Salat

salata

de Pommes frites

cips

de Braadkantüffeln

patates kızartması

de Pizza

pizza

de Hamborger

hamburger

dat Sandwich

sandviç

dat Snitzel

şinitzel

de Schinken

pastırma

de Salami

salam

de Wust

sosis

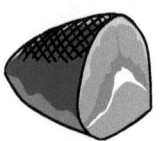

dat Hohn

tavuk

de Braden

rosto

de Fisch

balık

dat Eten - yemek

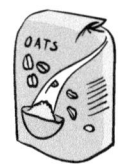

de Haverflocken

yulaf ezmesi

dat Müsli

müsli

de Cornflakes

mısır gevreği

dat Mehl

un

de Croissant

kruvasan

dat Rundstück

küçük ekmek

dat Broot

ekmek

dat Toast

tost

de Keksen

bisküvi

de Botter

tereyağı

de Quark

kaymak

de Koken

kek

dat Ei

yumurta

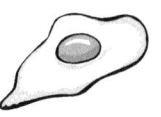

dat Spegelei

sahanda yumurta

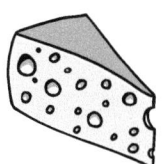

de Kees

peynir

de Ies

dondurma

de Zucker

şeker

de Honnig

bal

de Marmelaad

reçel

de Nougat-Creme

fındık ezmesi

dat Curry

köri

de Buernhoff
çiftlik

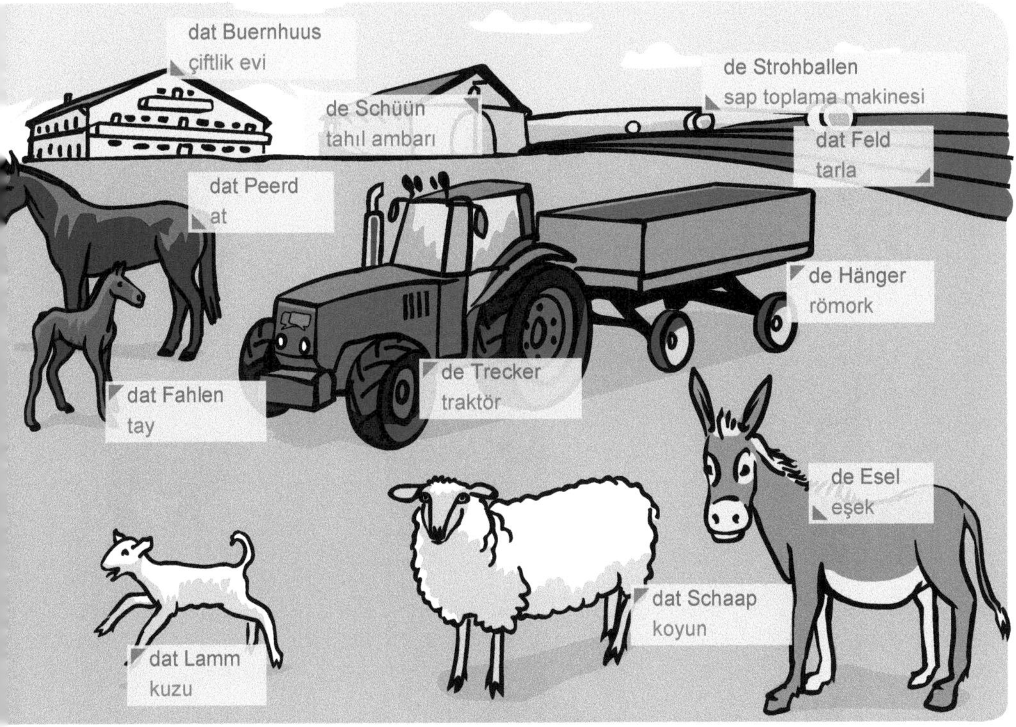
dat Buernhuus
çiftlik evi
de Schüün
tahıl ambarı
de Strohballen
sap toplama makinesi
dat Feld
tarla
dat Peerd
at
de Hänger
römork
de Trecker
traktör
dat Fahlen
tay
de Esel
eşek
dat Schaap
koyun
dat Lamm
kuzu

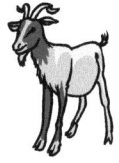

de Zeeg
keçi

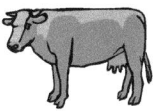

de Koh
inek

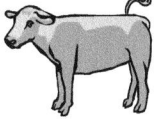

dat Kalf
buzağı

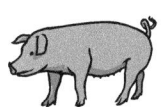

dat Swien
domuz

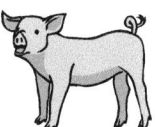

dat Farken
domuz yavrusu

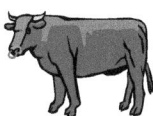

de Bull
boğa

de Goos

kaz

de Aant

ördek

dat Küken

civciv

dat Hohn

tavuk

de Hahn

horoz

de Rott

sıçan

de Katt

kedi

de Muus

fare

de Oss

öküz

de Hund

köpek

de Hunnenhütt

köpek kulübesi

de Goornslauch

bahçe hortumu

de Geetkann

sulama kabı

de Lee

tırpan

de Ploog

pulluk

de Sich

orak

de Hack

çapa

de Mestfork

dirgen

de Ext

balta

de Schuufkoor

el arabası

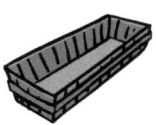

de Trog

yemlik

de Melkkann

süt kovası

de Sack

çuval

de Tuun

çit

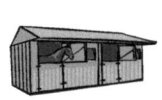

de Stall

ahır

dat Drievhuus

sera

de Bodden

toprak

de Saat

tohum

de Dünger

gübre

de Meihdöscher

biçerdöver

oornen

hasat etmek

de Oorn

harman

de Yamswöttel

tatlı patates

de Weten

buğday

dat Soja

soya

de Kantüffel

patates

de Törksche Weten

mısır

de Rapp

kolza

de Aaftboom

meyve ağacı

de Troopsch Kantüffel

manyok

dat Koorn

hububat

dat Huus
ev

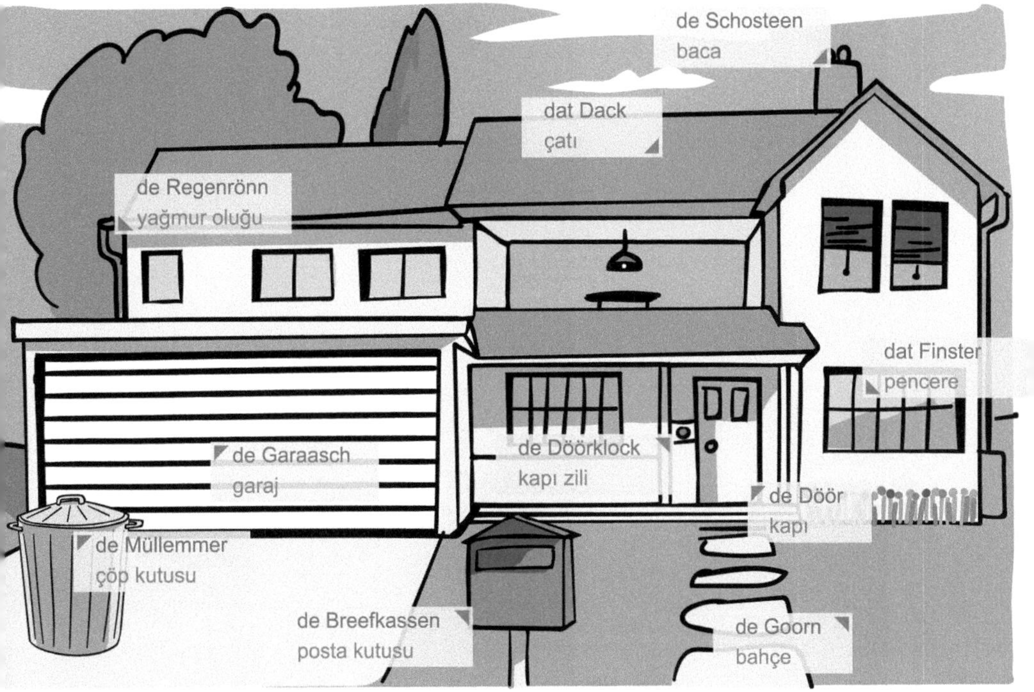
de Schosteen
baca
dat Dack
çatı
de Regenrönn
yağmur oluğu
dat Finster
pencere
de Garaasch
garaj
de Döörklock
kapı zili
de Döör
kapı
de Müllemmer
çöp kutusu
de Breefkassen
posta kutusu
de Goorn
bahçe

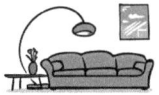

de Wahnstuuv

oturma odası

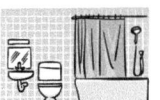

de Baadstuuv

banyo

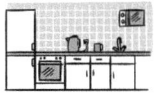

de Köök

mutfak

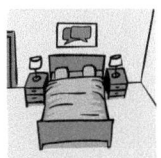

de Slaapstuuv

yatak odası

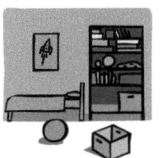

de Kinnerstuuv

çocuk odası

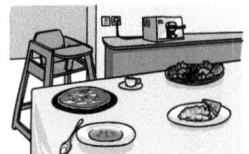

de Eetstuuv

yemek odası

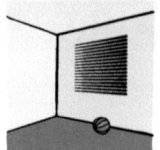

de Footbodden

zemin

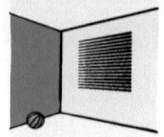

de Wand

duvar

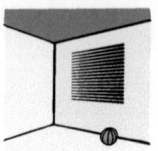

de Deek

tavan

de Keller

kiler

dat Hittluftbad

sauna

de Balkon

balkon

de Terrass

teras

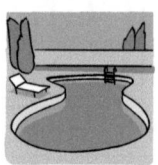

dat Swümmbad

havuz

de Rasenmeiher

çim biçme makinesi

de Bettbetog

çarşaf

de Bettdeek

yatak örtüsü

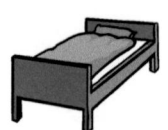

de Puuch

yatak

de Bessen

süpürge

de Emmer

kova

de Schalter

anahtar

de Wahnstuuv
oturma odası

de Tapeet
duvar kağıdı
dat Bild
resim
de Lamp
lamba
dat Regal
raf
dat Schapp
dolap
de Kiekkassen
televizyon
de Kamin
şömine
de Bloom
çiçek
dat Küssen
minder
dat Sofa
kanepe
de Vaas
vazo
de Feernbedenen
uzaktan kumanda

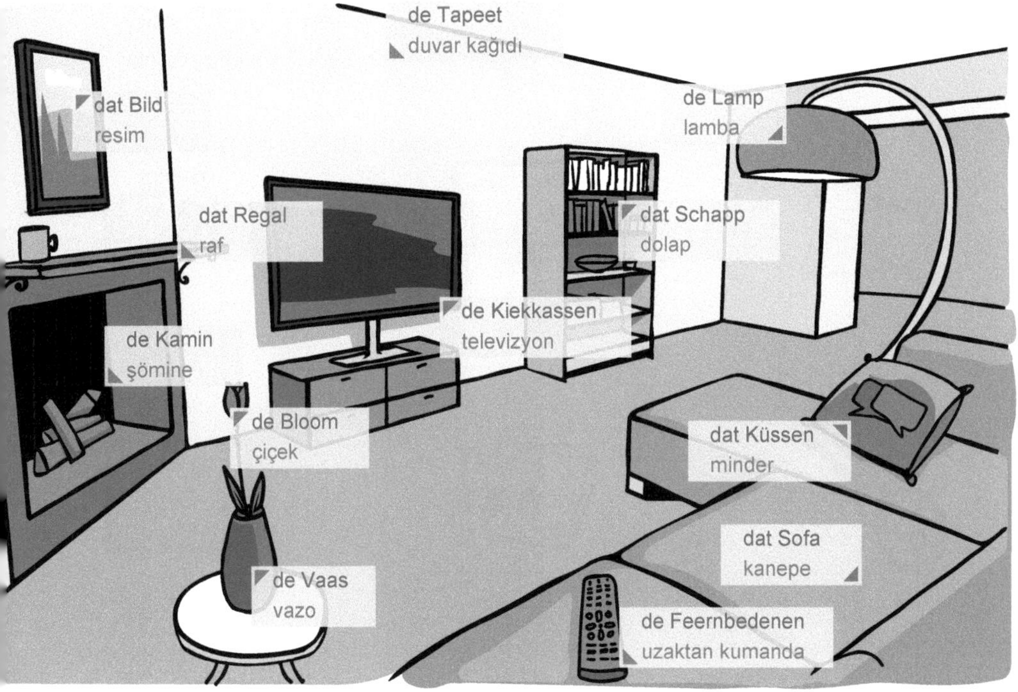

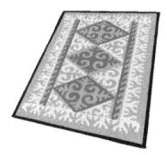

de Teppich

halı

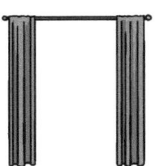

de Vörhang

perde

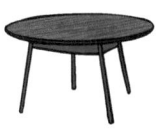

de Disch

masa

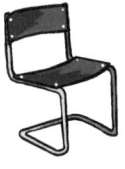

de Stohl

sandalye

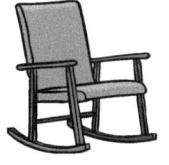

de Schuckelstohl

salıncaklı koltuk

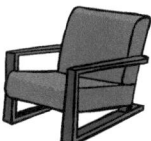

de Sessel

koltuk

dat Book

kitap

de Deek

battaniye

de Dekoratschoon

dekor

dat Füerholt

odun

de Film

film

de Stereoanlaag

hi-fi

de Slötel

anahtar

dat Narichtenblatt

gazete

dat Gemälde

tablo

dat Poster

poster

dat Radio

radyo

de Opschrievblock

defter

de Huulbessen

elektrikli süpürge

de Kaktus

kaktüs

de Kars

mum

de Köök
mutfak

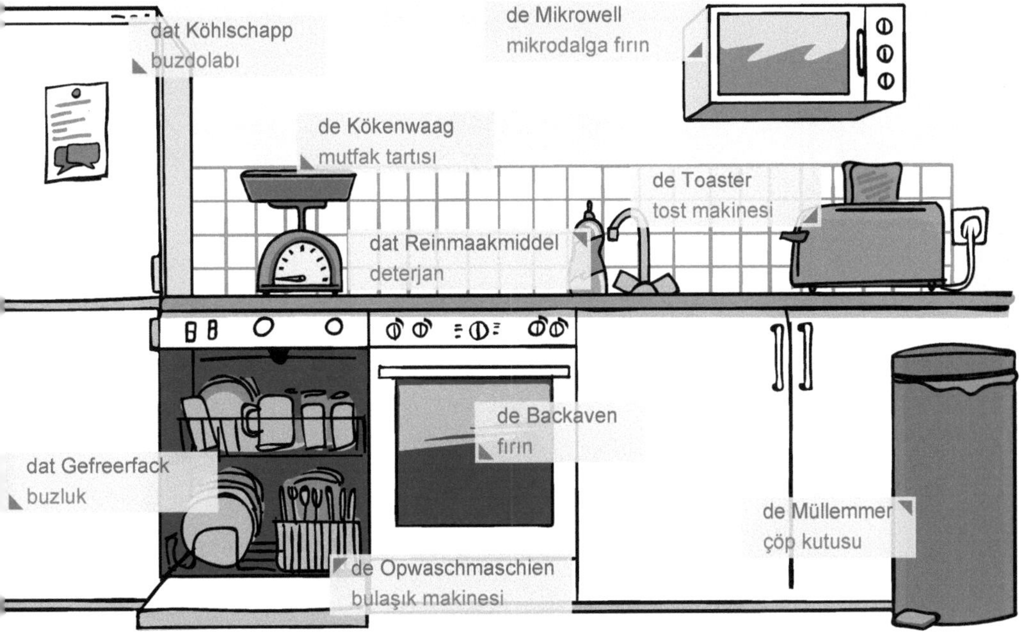
dat Köhlschapp
buzdolabı
de Mikrowell
mikrodalga fırın
de Kökenwaag
mutfak tartısı
de Toaster
tost makinesi
dat Reinmaakmiddel
deterjan
de Backaven
fırın
dat Gefreerfack
buzluk
de Müllemmer
çöp kutusu
de Opwaschmaschien
bulaşık makinesi

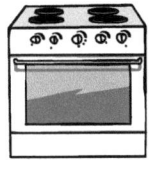

de Heerd

ocak

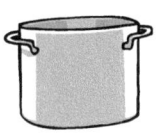

de Pott

tencere

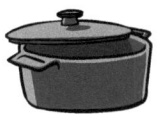

de Gussiesern Putt

döküm tencere

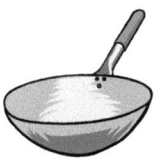

de Wok / Kadai

wok

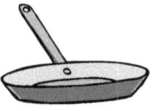

de Pann

tava

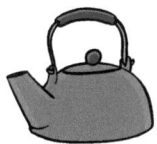

de Waterkaker

su ısıtıcı

de Dampkaakputt

buharlı pişirici

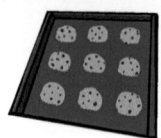

dat Backblick

pişirme tepsisi

dat Geschirr

tabak takımı

de Beker

kupa

de Schaal

kase

de Eetsticken

çubuk (çin yemeği)

de Suppenkell

kepçe

de Pannenwenner

spatula

de Sneebessen

çırpma teli

dat Kaakseef

süzgeç

dat Seef

elek

de Riev

rende

de Mörser

havan

de Grill

barbekü

de Füerstell

açık ateş

dat Sniedbrett

kesme tahtası

dat Nudelholt

merdane

de Proppentrecker

tirbüşon

de Doos

konserve kutusu

de Dosenaapner

konserve açacağı

de Pottlappen

fırın eldiveni

dat Waschbecken

evye

de Böst

fırça

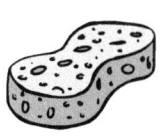

de Swamm

sünger

de Mixer

blender

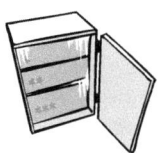

dat Iesschapp

derin dondurucu

de Nuckelbuddel

biberon

de Waterhahn

musluk

de Köök - mutfak

de Baadstuuv

banyo

de Bruus
duş
de Heizung
ısıtma
dat Handdook
havlu
de Bruusvörhang
duş perdesi
dat Schuumbad
köpük banyosu
de Baadwann
küvet
dat Glas
bardak
de Waschmaschien
çamaşır makinesi
de Waterhahn
musluk
de Fliesen
fayans
de lütte Putt
lazımlık
dat Waschbecken
evye

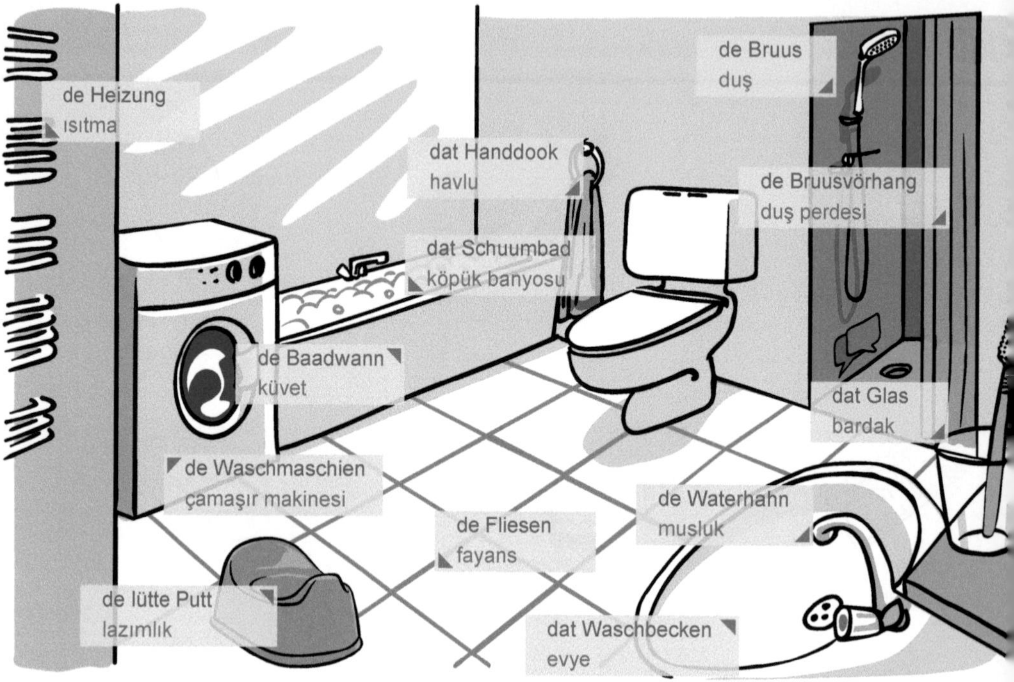

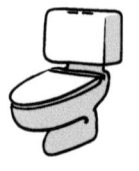

de Tante Meier

tuvalet

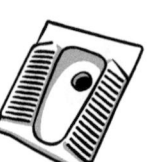

de Hockklo

alaturka tuvalet

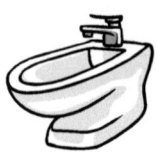

dat Bidet

bide

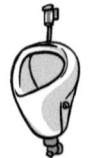

dat Miegbecken

pisuvar

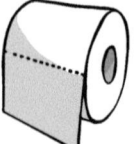

dat Klopapeer

tuvalet kağıdı

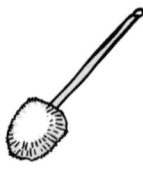

de Kloböst

tuvalet fırçası

de Tähnböst

diş fırçası

de Tähnpast

diş macunu

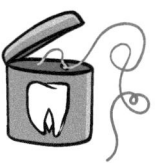

de Tähnsied

diş ipi

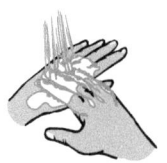

waschen

yıkamak

de Handbruus

duş başlığı

de Intimbruus

duş başlığı şeklinde taharet musluğu

de Waschschöttel

küvet

de Rüchböst

banyo fırçası

de Seep

sabun

dat Bruusgeel

duş jeli

dat Hoorwaschmiddel

şampuan

de Waschlappen

banyo lifi

de Afloop

gider

de Creme

krem

dat Deodorant

deodorant

de Spegel

ayna

de Kosmetikspegel

el aynası

de Raserer

jilet

de Raseerschuum

tıraş köpüğü

dat Raseerwater

tıraş losyonu

de Kamm

tarak

de Böst

fırça

de Hoordröger

saç kurutma makinesi

dat Hoorspray

saç spreyi

de Smink

makyaj

de Lippensticken

ruj

de Nagellack

tırnak cilası

de Watt

pamuk

de Nagelscheer

tırnak makası

dat Rüükwater

parfüm

de Kulturbüdel

makyaj çantası

de Schemel

tabure

de Waag

tartı

de Baadmantel

bornoz

de Gummihanschen

lastik eldiven

de Tampon

tampon

de Damenbinn

kadın pedi

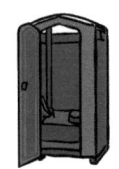

dat Chemieklo

kimyevi tuvalet

de Kinnerstuuv
çocuk odası

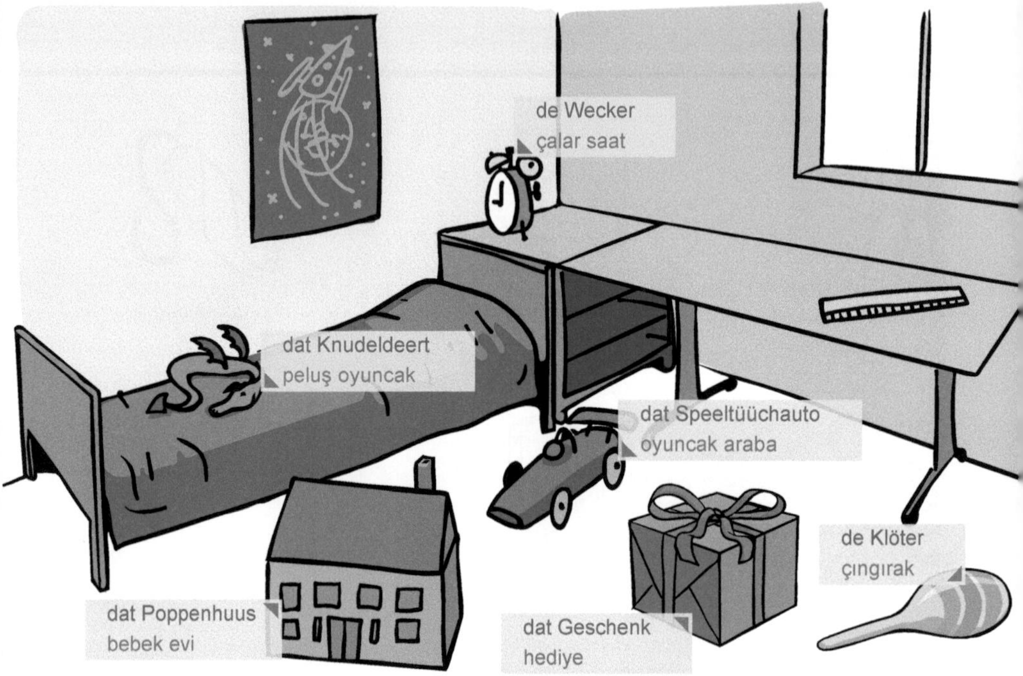
de Wecker
çalar saat
dat Knudeldeert
peluş oyuncak
dat Speeltüüchauto
oyuncak araba
de Klöter
çıngırak
dat Poppenhuus
bebek evi
dat Geschenk
hediye

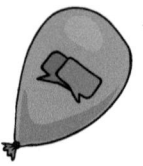

de Luftballon

balon

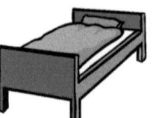

de Puuch

yatak

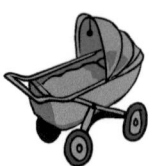

de Kinnerwagen

bebek arabası

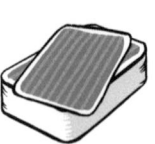

dat Koortenspeel

kart destesi

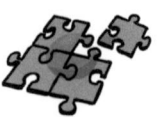

dat Puzzle

yapboz

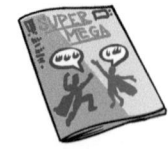

de Billergeschicht

çizgi roman

de Legostenen

lego tuğlaları

de Bustenen

lego blokları

de Action-Figur

aksiyon figürü

de Strampelantog

zıbın

de Frisbeeschiev

frizbi

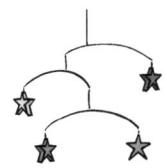

dat Mobile

dönence

dat Brettspeel

masa oyunu

de Wörpel

zar

de Modelliesenbahn

model tren seti

de Snuller

emzik

de Party

parti

dat Billerbook

resimli kitap

de Ball

top

de Popp

oyuncak bebek

spelen

oynamak

de Sandkassen

kum havuzu

de Schuckel

salıncak

dat Speeltüüch

oyuncaklar

de Speelkonsool

video oyun konsolu

dat Dreerad

üç tekerlekli bisiklet

de Teddyboor

oyuncak ayı

dat Klederschapp

gardırop

dat Tüüch
kıyafet

de Socken

çorap

de Strümp

külotlu çorap

de Strumpbüx

tayt

dat Halsdook
eşarp

de Paraplü
şemsiye

dat T-Shirt
tişört

de Liefreem
kemer

de Stevel
bot

de Puuschen
terlik

de Turnschoh
spor ayakkabı

de Sandalen
sandalet

de Schoh
ayakkabı

de Gummistevel
lastik çizme

de Ünnerbüx
külot

de Bostholler
sütyen

dat Ünnerhemd
yelek

de Lief

dar bluz

de Büx

pantolon

de Jeansnüx

kot pantolon

de Rock

etek

de Bluus

bluz

dat Hemd

gömlek

de Pullover

kazak

de Kapuzenpullover

süveter

de Blazer

blazer

de Jack

ceket

de Mantel

mont

de Övertrecker

yağmurluk

dat Kostüm

kostüm

dat Kleed

elbise

dat Hochtietskleed

gelinlik

de Antog

takım elbise

dat Nachtkleed

gecelik

de Slaapantog

pijama

de Sari

sari

dat Koppdook

baş örtüsü

de Turban

türban

de Burka

burka

de Kaftan

kaftan

de Abaya

çarşaf

de Baadantog

mayo

de Baadbüx

erkek mayosu

de Korte Büx

şort

de Antog to'n Öven

eşofman

de Schört

önlük

de Handschoh

eldiven

de Knopp

düğme

de Brill

gözlük

dat Armband

bilezik

de Halskeed

kolye

de Ring

yüzük

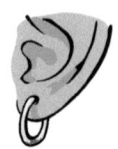

de Ohrbummel

küpe

de Mütz

kep

de Klederbögel

portmanto

de Hoot

şapka

de Binner

kravat

de Rietslüter

fermuar

de Helm

kask

dat Drachtband

pantolon askısı

de Schooluniform

okul forması

de Uniform

üniforma

de Severböten
mama önlüğü

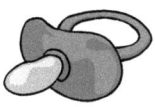

de Snuller
emzik

de Winnel
bebek bezi

dat Büro
ofis

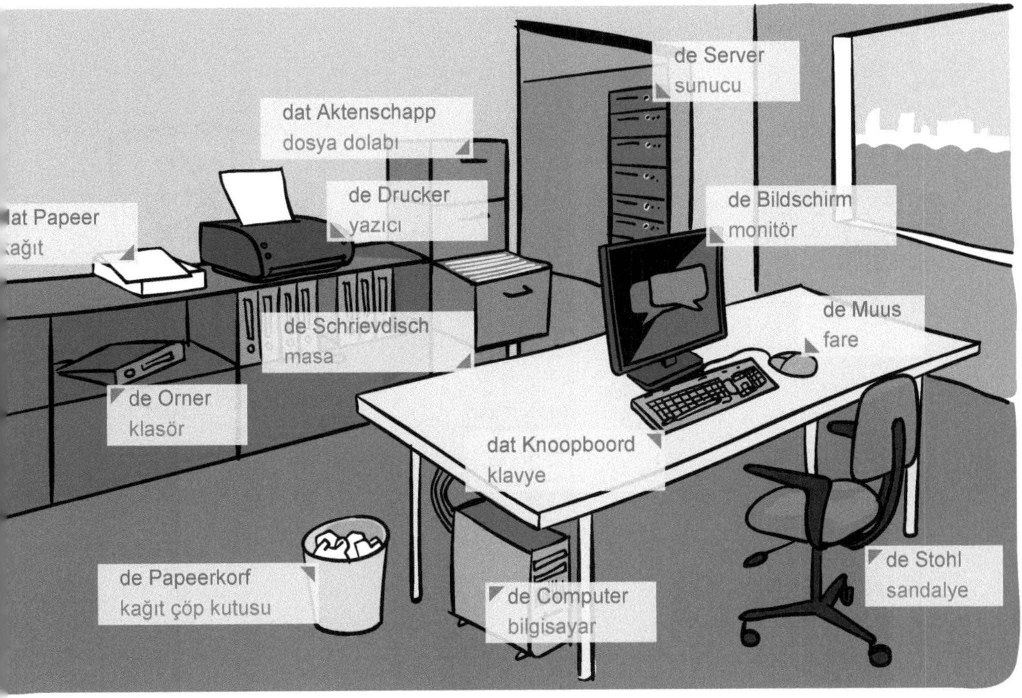

de Server
sunucu

dat Aktenschapp
dosya dolabı

de Drucker
yazıcı

dat Papeer
kağıt

de Bildschirm
monitör

de Schrievdisch
masa

de Muus
fare

de Orner
klasör

dat Knoopboord
klavye

de Papeerkorf
kağıt çöp kutusu

de Stohl
sandalye

de Computer
bilgisayar

de Koffiebeker
kahve fincanı

de Taschenreekner
hesap makinesi

dat Internet
internet

de Klappreekner

dizüstü

de Breef

mektup

de Naricht

mesaj

de Ackersnacker

cep telefonu

dat Nettwark

ağ

de Kopeerapparat

fotokopi makinesi

de Software

yazılım

de Klöönkassen

telefon

de Steekdoos

priz

de Faxapparat

faks makinesi

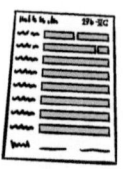

dat Formulor

form

dat Dokument

belge

dat Büro - ofis

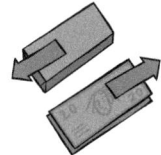
köpen
satın almak

betahlen
ödemek

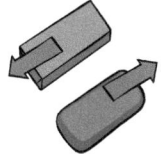
hanneln
ticaret yapmak

dat Geld
para

de Dollar
dolar

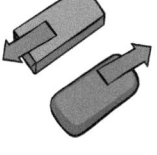

de Euro
avro

de Yen
yen

de Ruvel
ruble

de Swiezer Franken
İsviçre frangı

de Renminbi Yuan
Çin yuanı

de Rupie
rupi

de Geldautomat
kasa

de Wesselstuuv

döviz bürosu

dat Gold

altın

dat Sülver

gümüş

dat Ööl

petrol

de Energie

enerji

de Pries

fiyat

de Verdrag

kontrat

de Stüer

vergi

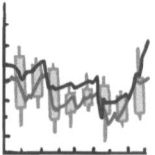

de Andeelschien

menkul değer

arbeiden

çalışmak

de Anstellte

işveren

de Arbeitgever

işçi

de Fabrik

fabrika

de Hökerie

mağaza

de Profeschonen
meslekler

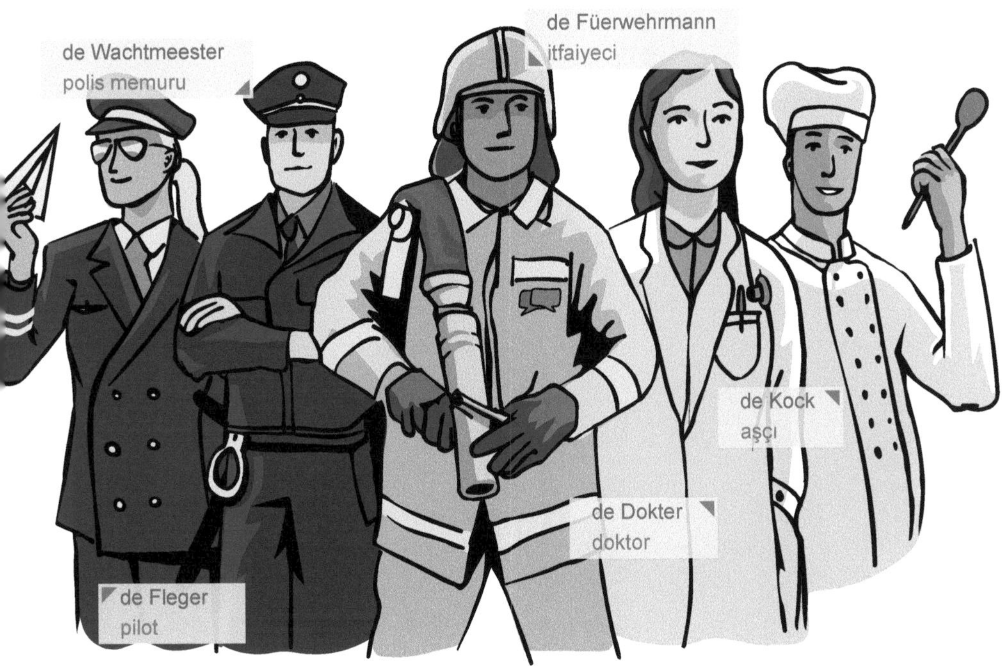

de Wachtmeester
polis memuru
de Füerwehrmann
itfaiyeci
de Kock
aşçı
de Dokter
doktor
de Fleger
pilot

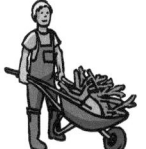

de Goorner
bahçıvan

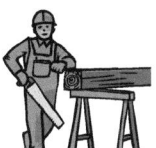

de Discher
marangoz

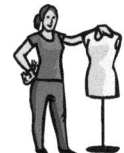

de Neihersche
terzi

de Richter
hakim

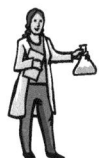

de Chemiker
kimyager

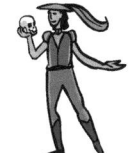

de Schauspeler
aktör

de Busfohrer

otobüs şoförü

de Taxifohrer

taksi şoförü

de Fischer

balıkçı

de Reinmaakfru

temizlikçi

de Dackdecker

çatı ustası

de Kellner

garson

de Jäger

avcı

de Maler

boyacı

de Bäcker

fırıncı

de Elektriker

elektrikçi

de Buarbeider

inşaatçı

de Ingenieur

mühendis

de Slachter

kasap

de Klempner

muslukçu

de Postbüdel

postacı

de Suldat
asker

de Architekt
mimar

de Kasserer
kasiyer

de Florist
çiçekçi

de Putzbüdel
kuaför

de Schaffner
kondüktör

de Mechaniker
tamirci

de Kaptein
kaptan

de Tähndokter
dişçi

de Wetenschopler
bilim insanı

de Rabbi
haham

de Imam
imam

de Mönk
keşiş

de Paap
rahip

dat Warktüüch
aletler

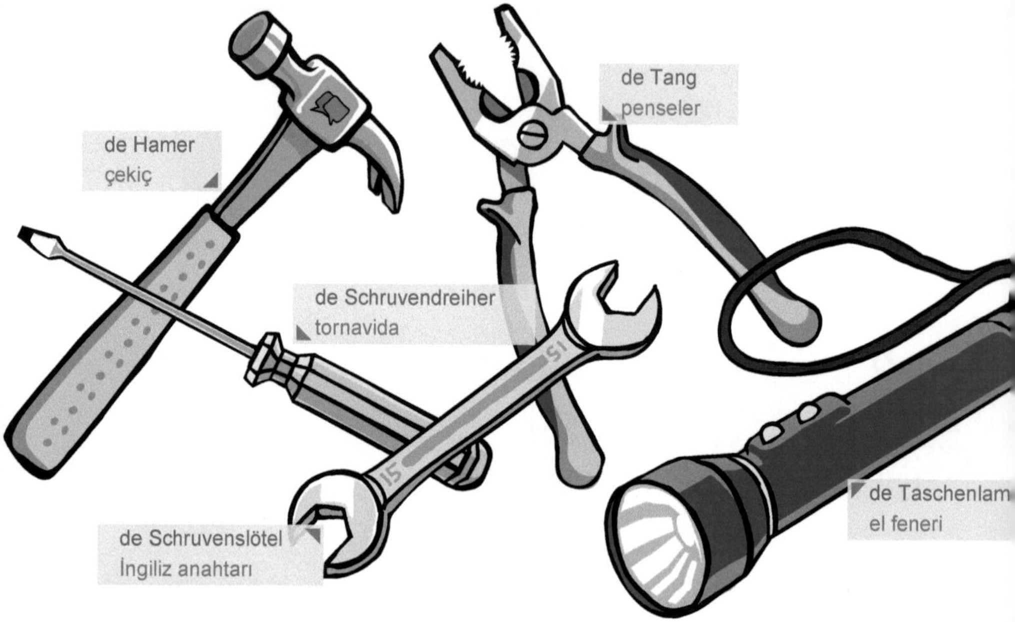
de Hamer
çekiç
de Tang
penseler
de Schruvendreiher
tornavida
de Schruvenslötel
İngiliz anahtarı
de Taschenlam
el feneri

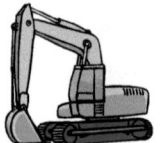

de Grieper

kazı makinesi

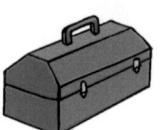

de Warktüüchkassen

alet çantası

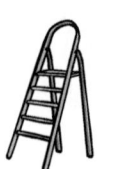

de Ledder

merdiven

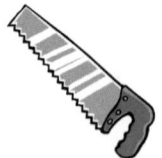

de Saag

testere

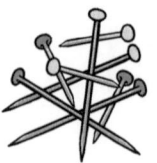

de Nagels

çiviler

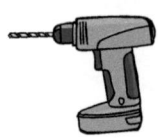

de Bohrer

matkap

heelmaken
tamir etmek

de Schüffel
kürek

Schiet!
Kahretsin!

dat Kehrblick
faraş

de Farvpott
boya tenekesi

de Schruven
vidalar

de Musikinstrumenten
müzik enstrümanı

de Luutsnacker
hoparlör

dat Slagtüüch
bateri seti

de Rietfiedel
gitar

de Bass-Vigelien
kontrbas

de Trumpeet
trompet

dat Klaveer

piyano

de Vigelien

keman

de Bass

basgitar

de Pauk

timpani

de Trummeln

bateri

dat Keyboard

klavye

dat Saxophon

saksafon

de Fleut

flüt

dat Mikrofoon

mikrofon

de Deertenpark
hayvanat bahçesi

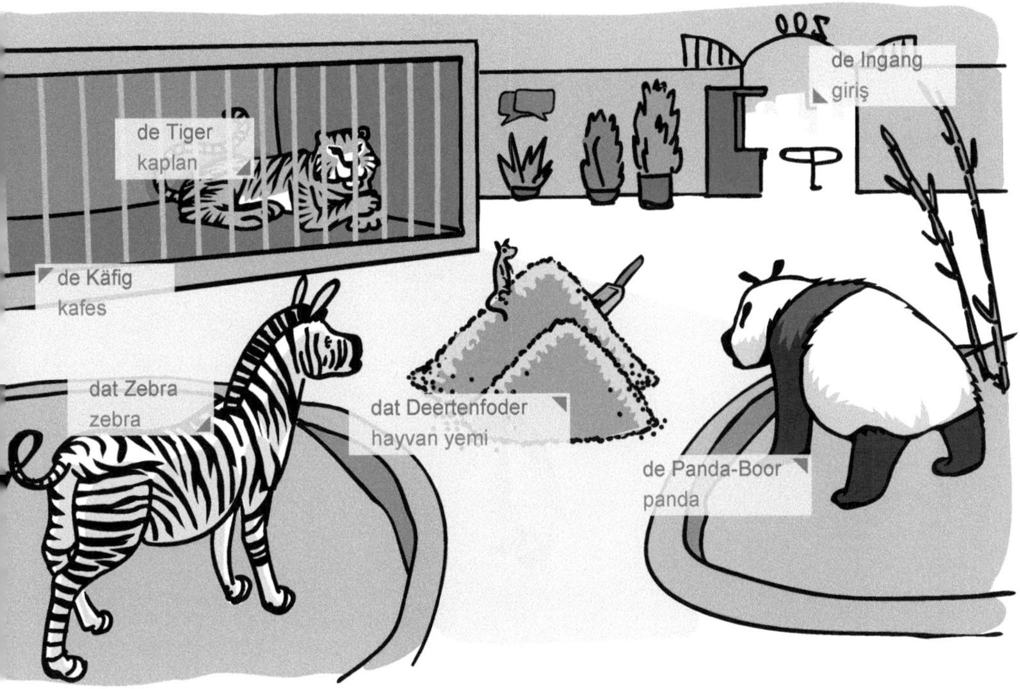

de Ingang
giriş
de Tiger
kaplan
de Käfig
kafes
dat Zebra
zebra
dat Deertenfoder
hayvan yemi
de Panda-Boor
panda

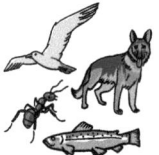

de Deerten

hayvanlar

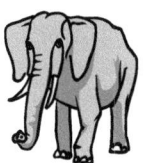

de Elefant

fil

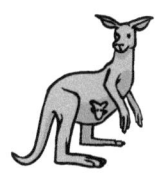

dat Känguru

kanguru

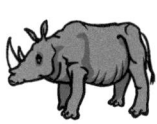

dat Neeshoorn

gergedan

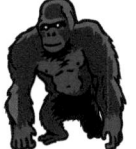

de Gorilla

goril

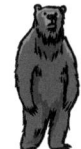

de Boor

ayı

dat Kameel

deve

de Struuß

deve kuşu

de Lööv

aslan

de Aap

maymun

de Flamingo

flamingo

de Papagoi

papağan

de Iesboor

kutup ayısı

de Pinguin

penguen

de Haifisch

köpek balığı

de Pageluun

tavus kuşu

de Slang

yılan

dat Krokodil

timsah

de Oppasser in'n
Deertenpark

hayvanat bahçesi görevlisi

de Saalhund

fok

de Jaguor

jaguar

dat Pony

midilli atı

de Leopard

leopar

dat Nilpeerd

su aygırı

de Giraff

zürafa

de Aadler

kartal

dat Wildswien

yaban domuzu

de Fisch

balık

de Schildkrööt

kaplumbağa

dat Walross

mors

de Voss

tilki

de Gazell

ceylan

de Amerikaansch Football
amerikan futbolu

dat Radfohren
bisiklete binme

dat Tennis
tenis

de Korfball
basketbol

dat Swümmen
yüzme

dat Ieshockey
buz hokeyi

dat Boxen
boks

de Football

futbol

dat Fedderball

badminton

de Leichtathletik

atletizm

de Handball

hentbol

dat Skilopen

kayak

dat Polo

polo

de Aktivitäten
etkinlikler

lachen
gülmek
springen
atlamak
ümarmen
sarılmak
gahn
yürümek
singen
söylemek
drömen
hayal etmek
beden
dua etmek
snuteln
öpmek

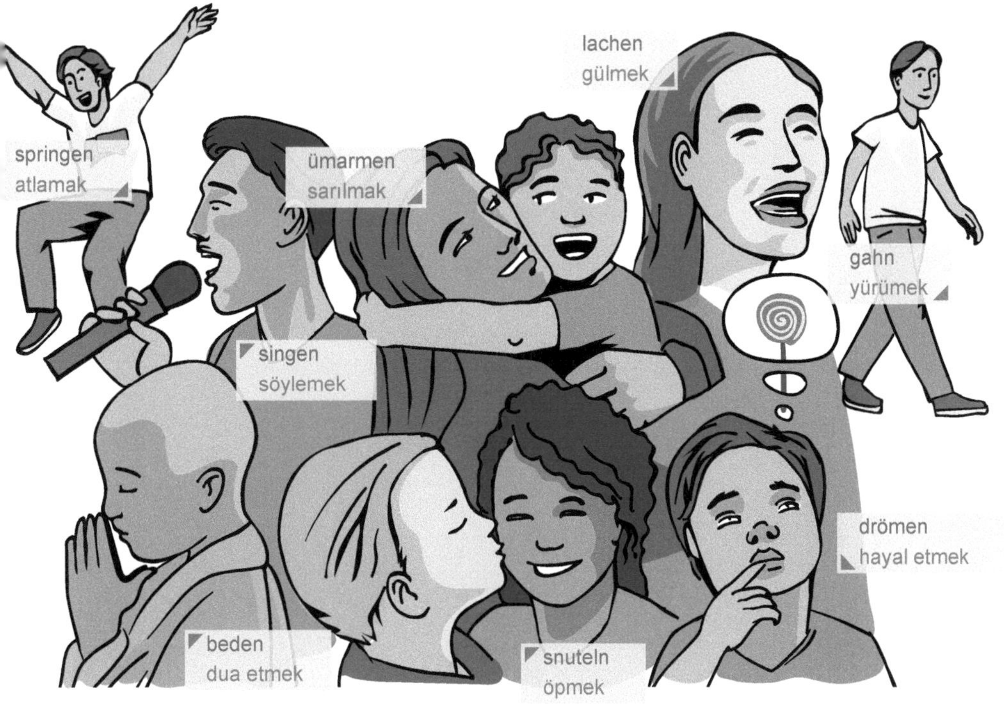

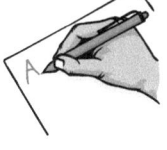

schrieven
yazmak

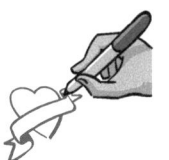

teken
çizmek

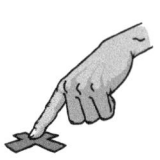

wiesen
göstermek

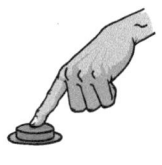

drücken
itmek

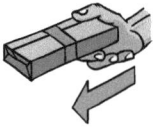

geven
vermek

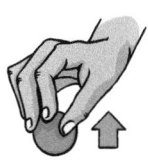

nehmen
almak

hebben

sahip olmak

doon

yapmak

sien

olmak

stahn

ayakta durmak

lopen

koşmak

trecken

çekmek

smieten

atmak

fallen

düşmek

liggen

yalan söylemek

töven

beklemek

dregen

taşımak

sitten

oturmak

antrecken

giyinmek

slapen

uyumak

opwaken

uyanmak

ankieken

bakmak

wenen

ağlamak

eien

vurmak

kämmen

taramak

snacken

konuşmak

verstahn

anlamak

fragen

sormak

hören

dinlemek

drinken

içmek

eten

yemek

oprümen

düzenlemek

leefhebben

sevmek

kaken

pişirmek

fohren

sürmek

flegen

uçmak

segeln

denize açılmak

reken

hesapla

lesen

okumak

lehren

öğrenmek

arbeiden

çalışmak

de Plünnen tohoopsmieten

evlenmek

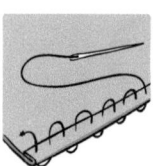

neihen

dikmek

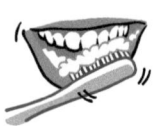

Tähnen putzen

diş fırçalamak

dootmaken

öldürmek

smöken

sigara içmek

schicken

yollamak

de Aktivitäten - etkinlikler

de Familje

aile

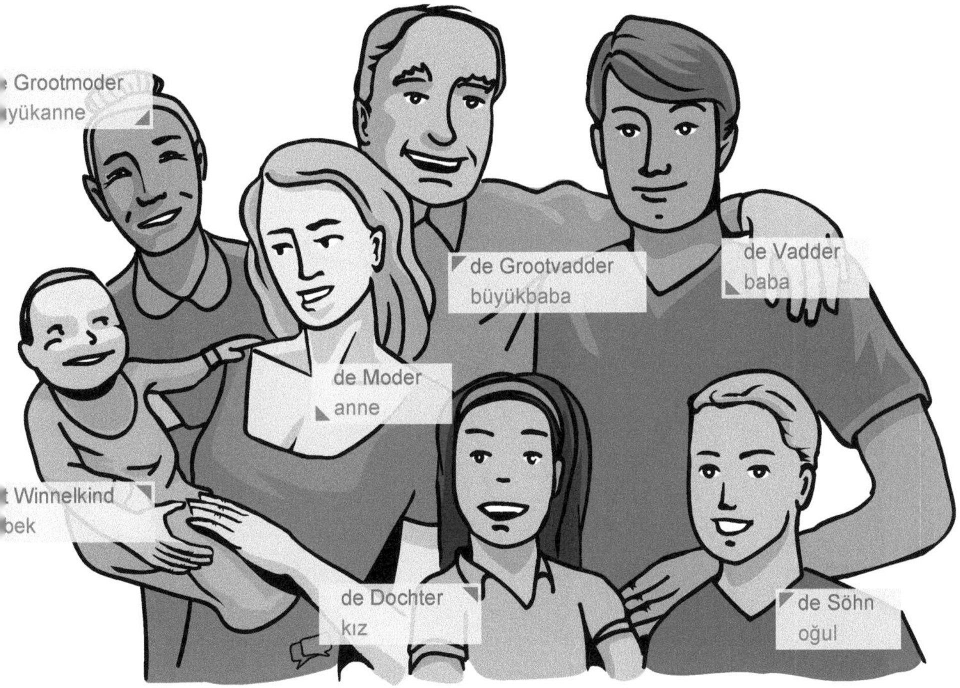
Grootmoder
yükanne
de Grootvadder
büyükbaba
de Vadder
baba
de Moder
anne
Winnelkind
bek
de Dochter
kız
de Söhn
oğul

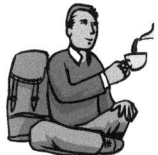

de Gast

misafir

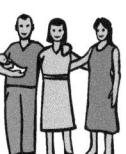

de Tant

teyze

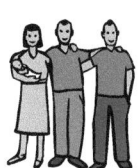

de Unkel

amca

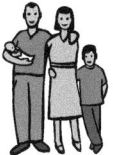

de Broder

erkek kardeş

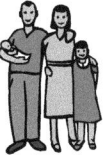

de Süster

kız kardeş

de Lief

vücut

de Vörkopp
alın
dat Oog
göz
de Schuller
omuz
de Finger
parmak
dat Gesicht
yüz
dat Kinn
çene
de Hand
el
dat Been
bacak
de Bost
göğüs
de Arm
kol

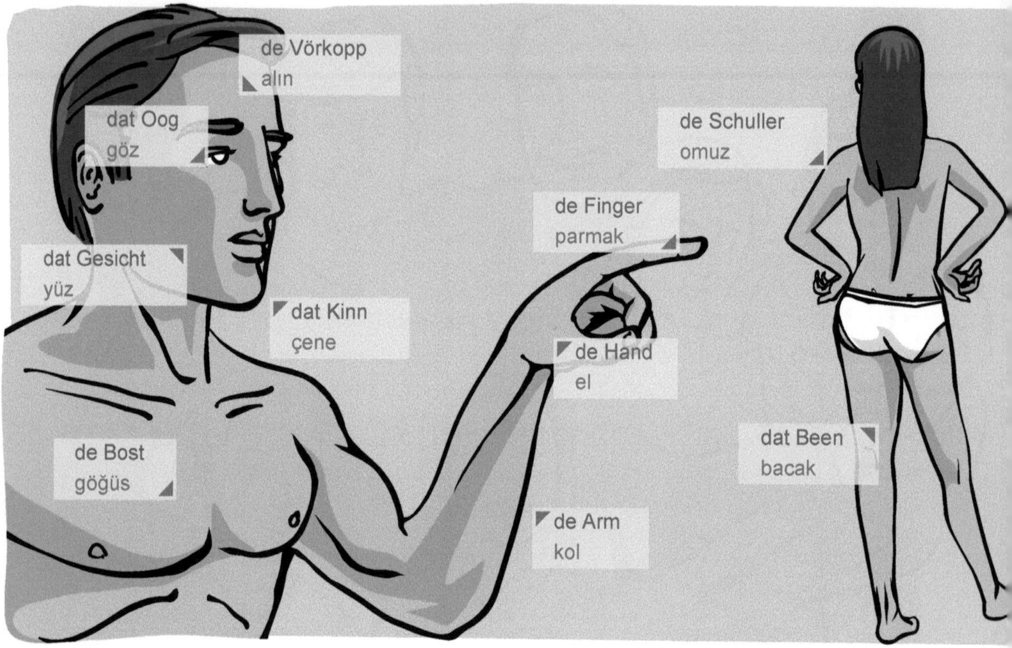

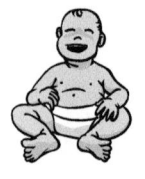

dat Winnelkind

bebek

de Mann

adam

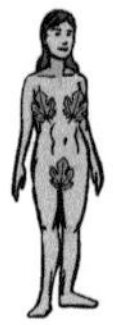

de Fro

kadın

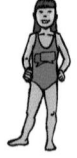

de Deern

kız

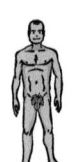

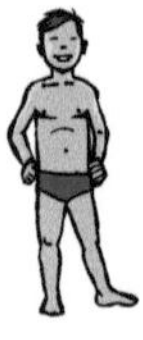

de Jung

erkek çocuk

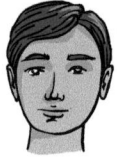

de Arm

baş

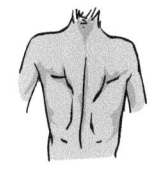

de Rüch

sırt

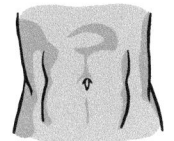

de Buuk

karın

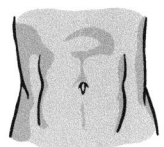

de Navel

göbek

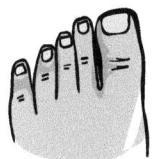

de Teh

ayak parmağı

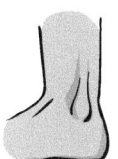

de Hack

topuk

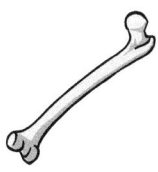

de Knaken

kemik

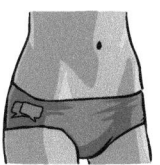

de Hüft

kalça

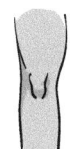

dat Knee

diz

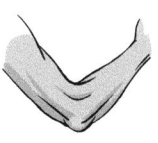

de Ellbagen

dirsek

de Nees

burun

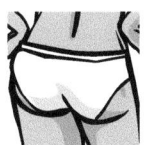

de Achtersen

kalça

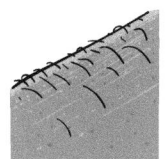

de Huut

deri

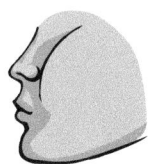

de Back

yanak

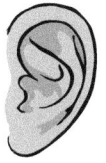

dat Ohr

kulak

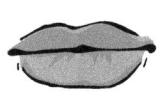

de Lipp

dudak

de Mund

ağız

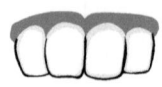

de Tähn

diş

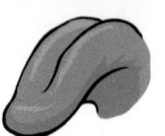

de Tung

dil

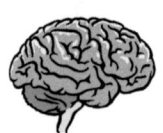

de Bregen

beyin

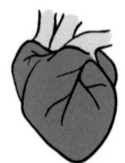

dat Hart

kalp

de Muskel

kas

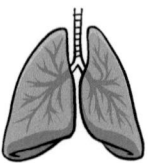

de Lung

akciğer

de Lever

karaciğer

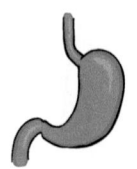

de Maag

mide

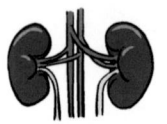

de Neren

böbrekler

de Bislaap

seks

dat Kondoom

prezervatif

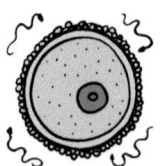

de Eizell

yumurtalık

dat Sperma

sperm

de Anner Ümstänn

hamilelik

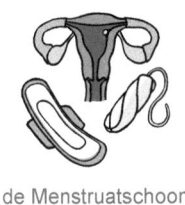

de Menstruatschoon
....
regl

de Scheed
....
vajina

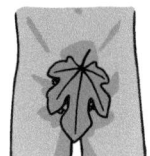

de Pint
....
penis

de Ogenbroe
....
kaş

dat Hoor
....
saç

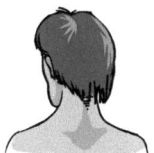

de Hals
....
boyun

dat Krankenhuus
hastane

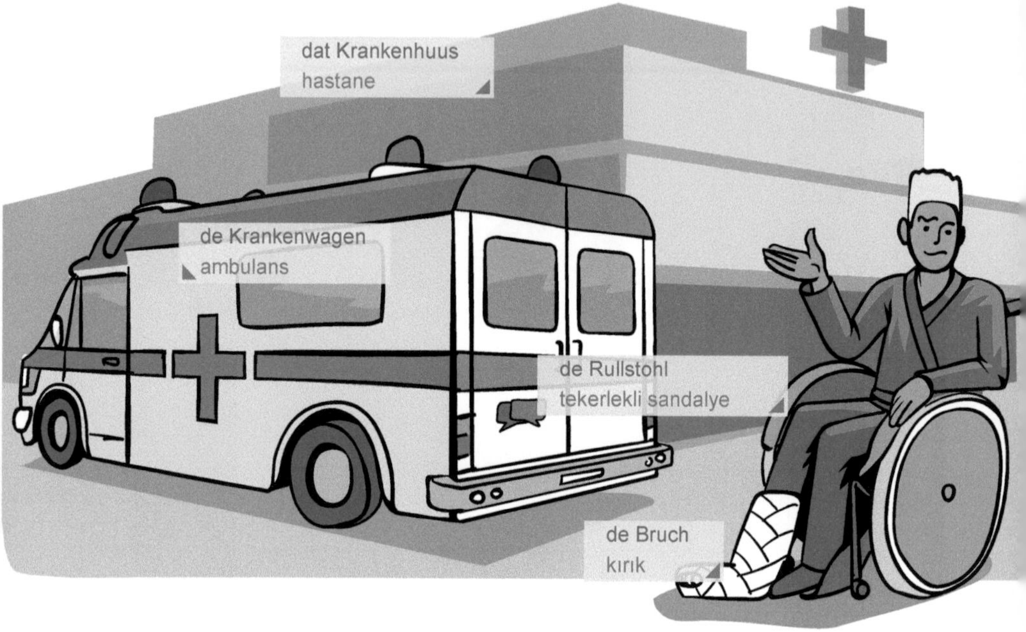

dat Krankenhuus
hastane
de Krankenwagen
ambulans
de Rullstohl
tekerlekli sandalye
de Bruch
kırık

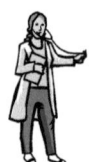

de Dokter

doktor

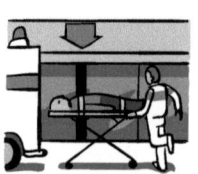

de Nootopnahm

acil servis

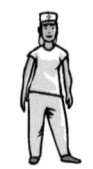

de Krankensüster

hemşire

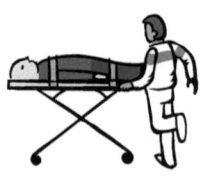

de Nootfall

acil

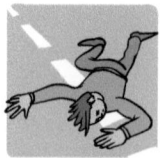

ahnmächtig

baygın

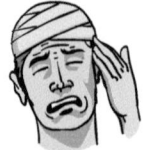

de Wehdaag

acı

de Verwunnen

yaralanma

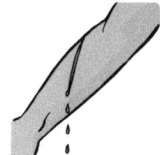

de Blöden

kanama

de Hartinfarkt

kalp krizi

de Slaganfall

felç

de Allergie

alerji

de Hoosten

öksürük

dat Fever

ateş

de Gripp

grip

de Dörchfall

ishal

de Koppwehdaag

baş ağrısı

de Kreeft

kanser

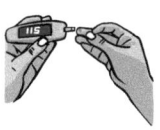

de Zuckersüük

şeker hastalığı

de Chirurg

cerrah

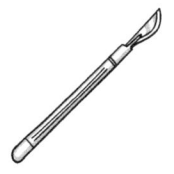

dat Chirurgsch Mess

neşter

de Operatschoon

operasyon

dat Krankenhuus - hastane

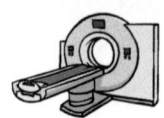

dat CT

bilgisayarlı tomografi

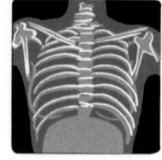

de Dörchlüchten

röntgen

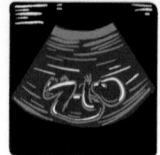

de Ultraschall

ultrason

de Mask

yüz maskesi

de Krankheit

hastalık

de Töövruum

bekleme odası

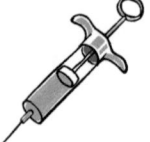

de Krück

koltuk değneği

dat Plaaster

yara bandı

de Verband

bandaj

de Insprütten

enjeksiyon

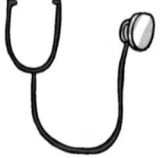

dat Stethoskop

steteskop

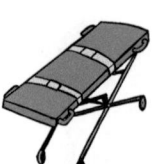

de Draag

sedye

dat Feverthermometer

tıbbi termometre

de Geboort

doğum

dat Övergewicht

fazla kilo

dat Krankenhuus - hastane

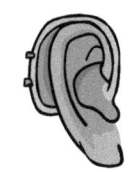

de Höörapparat

işitme cihazı

dat Kiemfriemiddel

dezenfektan

de Ansteken

enfeksiyon

de Virus

virüs

dat HIV / AIDS

HIV / AIDS

dat Heelmiddel

ilaç

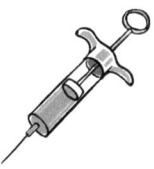

de Impen

aşı

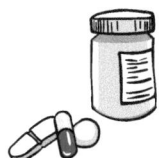

de Tabletten

tablet

de Pill

hap

de Nootroop

acil çağrı

de Blootdruck-Meter

tansiyon aleti

krank / gesund

hasta / sağlıklı

Hölp!

İmdat!

de Alarm

alarm

de Överfall

darp

de Angreep

saldırı

de Gefohr

tehlike

de Nootutgang

acil çıkış

dat Füer!

Yangın!

de Füerlöscher

yangın tüpü

de Unfall

kaza

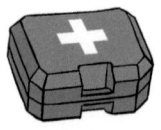

de Noothölpkoffer

ilk yardım çantası

SOS

imdat

de Polizei

polis

Europa

Avrupa

Noordamerika

Kuzey Amerika

Süüdamerika

Güney amerika

Afrika

Afrika

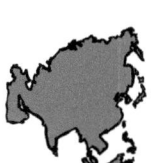

Asien

Asya

Australien

Avustralya

de Atlantik

Atlantik

de Pazifik

Pasifik

dat Indisch Weltmeer

Hint Okyanusu

dat Antarktisch Weltmeer

Antarktika Okyanusu

dat Arktisch Weltmeer

Arktik Okyanusu

de Noordpol

Kuzey Kutbu

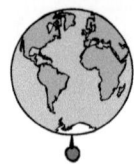

de Süüdpol

Güney Kutbu

de Antarktis

Antarktika

de Eerd

dünya

dat Land

kara

de See

deniz

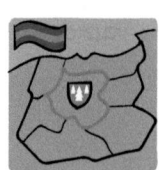

dat Eiland

ada

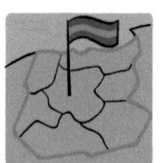

de Natschoon

ulus

de Staat

ülke

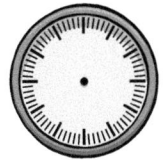

dat Tallenblatt

kadran

de Stunnenwieser

akrep

de Minutenwieser

yelkovan

de Sekunnenwieser

saniye ibresi

Wo laat is dat?

Saat kaç?

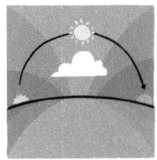

de Dag

gün

de Tiet

zaman

nu

şimdi

de digetaalsch Klock

dijital saat

de Minuut

dakika

de Stunn

saat

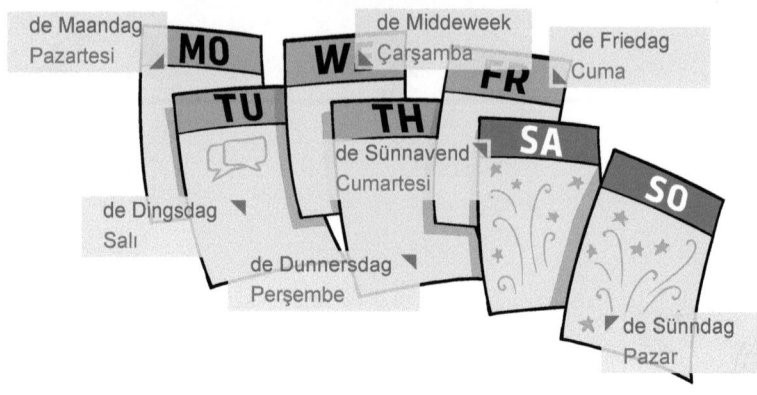

de Maandag
Pazartesi

de Middeweek
Çarşamba

de Friedag
Cuma

de Dingsdag
Salı

de Sünnavend
Cumartesi

de Dunnersdag
Perşembe

de Sünndag
Pazar

güstern
dün

hüüt
bugün

morgen
yarın

de Morgen
sabah

de Meddag
öğle

de Avend
akşam

de Arbeitsdaag
iş günleri

dat Wekenenn
hafta sonu

de Regen
yağmur

de Regenbagen
gökkuşağı

de Snee
kara

de Wind
rüzgar

dat Fröhjohr
bahar

de Harvst
sonbahar

de Sommer
yaz

de Winter
kış

4.APRIL	11°	☀
5.APRIL	4°	☁
6.APRIL	13°	☂
7.APRIL	8°	❄
8.APRIL	10°	☀

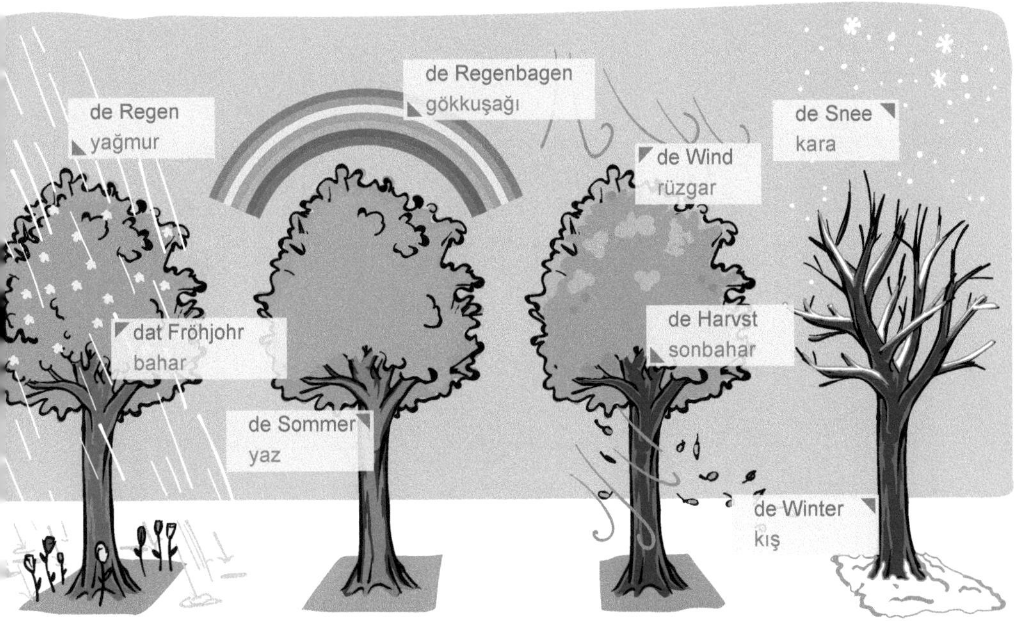

de Wedervörhersaag

hava durumu tahmini

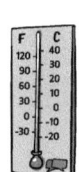

dat Thermometer

termometre

de Sünnenschien

güneş ışığı

de Wulk

bulut

de Nevel

sis

de Luftfuchtigkeit

nem

de Blitz

şimşek

de Dunner

gök gürültüsü

de Storm

fırtına

de Hagel

dolu

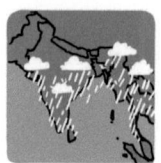

de Monsun

muson

de Floot

sel

dat Ies

buz

de Januormaand

Ocak

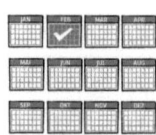

de Februormaand

Şubat

de Martmaand

Mart

de Aprilmaand

Nisan

de Maimaand

Mayıs

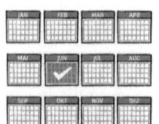

de Junimaand

Haziran

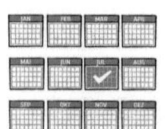

de Julimaand

Temmuz

de Augustmaand

Ağustos

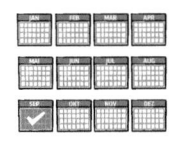

de Septembermaand

Eylül

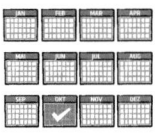

de Oktobermaand

Ekim

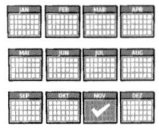

de Novembermaand

Kasım

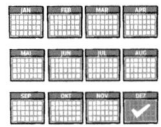

de Dezembermaand

Aralık

de Formen
şekiller

de Krink

daire

dat Quadrat

kare

dat Rechteck

dikdörtgen

dat Dreeeck

üçgen

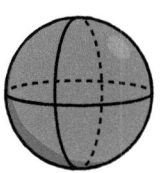

de Kugel

küre

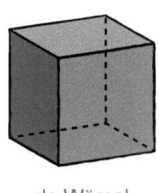

de Wörpel

küp

witt

beyaz

geel

sarı

orangsch

turuncu

pink

pembe

root

kırmızı

lila

mor

blau

mavi

gröön

yeşil

bruun

kahverengi

gries

gri

swart

siyah

veel / wenig

çok / az

böös / verdreeglich

kızgın / sakin

smuck / mies

güzel / çirkin

de Begünn / dat Enn

başlangıç / son

groot / lütt

büyük / küçük

hell / düüster

parlak / karanlık

de Broder / de Süster

erkek kardeş / kız kardeş

schier / schietig

temiz / kirli

kumpleet / nich kumpleet

tamam / eksik

de Dag / de Nacht

gün / gece

doot / lebennig

ölü / canlı

breet / small

geniş / dar

geneetbor / nich geneetbor

....

yenilebilir / yenilemez

böös / fründlich

....

kötü / iyi

fickerig / langwielt

....

heyecanlı / sıkılmış

dick / dünn

....

şişman / zayıf

toeerst / toletzt

....

ilk / son

de Fründ / de Fiend

....

dost / düşman

vull / leddig

....

dolu / boş

hart / week

....

sert / yumuşak

swoor / licht

....

ağır / hafif

de Smacht / de Döst

....

açlık / susuzluk

krank / gesund

....

hasta / sağlıklı

nich na't Recht / na't Recht

....

yasa dışı / yasal

klook / dummerhaftig

....

zeki / aptal

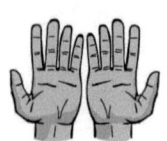

linkerhand / rechterhand

....

sol / sağ

neeg / feern

....

yakın / uzak

nieg / bruukt

yeni / kullanılmış

nix / wat

hiçbir şey / bir şey

oolt / jung

yaşlı / genç

an / ut

açma / kapama

apen / slaten

açık / kapalı

lies / luut

sessiz / gürültülü

riek / arm

zengin / fakir

richtig / verkehrt

doğru / yanlış

ruug / glatt

pürüzlü / düz

trurig / glücklich

üzgün / mutlu

kort / lang

kısa / uzun

suutje / flink

yavaş / hızlı

natt / dröög

ıslak / kuru

warm / köhl

sıcak / serin

de Krieg / de Freden

savaş / barış

0	**1**	**2**
null	een	twee
sıfır	bir	iki

3	**4**	**5**
dree	veer	fief
üç	dört	beş

6	**7**	**8**
söss	söven	acht
altı	yedi	sekiz

9	**10**	**11**
negen	teihn	ölven
dokuz	on	on bir

12

twölf
on iki

13

dörteihn
on üç

14

veerteihn
on dört

15

föffteihn
on beş

16

sössteihn
on altı

17

söventeihn
on yedi

18

achtteihn
on sekiz

19

negenteihn
on dokuz

20

twintig
yirmi

100

hunnert
yüz

1.000

dusend
bin

1.000.000

million
milyon

dat Engelsch

İngilizce

dat Amerikaansch Engelsch

Amerikan İngilizcesi

dat Chineesch Mandarin

Çince (Mandarin)

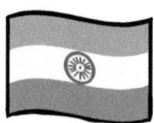

dat Hindi

Hintçe

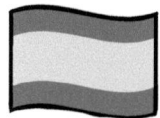

dat Spaansch

İspanyolca

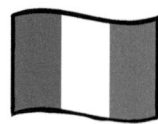

dat Franzöösch

Fransızca

dat Araabsch

Arapça

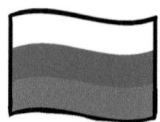

dat Rusch

Rusça

dat Portugiesch

Portekizce

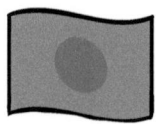

dat Bengaalsch

Bengalce

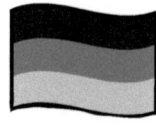

dat Düütsch

Almanca

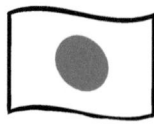

dat Japaansch

Japonca

ik

ben

du

sen

he / se / dat

o

wi

biz

ji

siz

se

onlar

keen?

kim?

wat?

ne?

woans?

nasıl?

woneem?

nerede?

wannehr?

ne zaman?

de Naam

isim

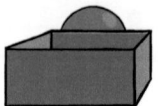

achter

arkasında

in

içinde

vör

önünde

över

üzerinde

op

üstünde

ünner

altında

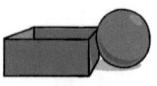

blangen

yanında

twüschen

arasında

de Oort

yer